牛頓的金錢教室

國家圖書館出版品預行編目資料

牛頓的金錢教室：怎麼賺錢?怎麼花錢? / 李香晏著;
尹智會繪;莊曼淳譯.－－初版一刷.－－臺北市: 三
民, 2019
　　面;　公分.－－(奇怪的人文學教室)

ISBN 978－957－14－6606－4　(平裝)

1.貨幣; 金融 2.兒童讀物 3.人文學

561　　　　　　　　　　　　　　　　108003848

© 　牛頓的金錢教室
　　　　——怎麼賺錢?怎麼花錢?

著 作 人	李香晏
繪 　 圖	尹智會
譯 　 者	莊曼淳
責任編輯	洪翊婷
發 行 人	劉振強
發 行 所	三民書局股份有限公司
	地址　臺北市復興北路386號
	電話　(02)25006600
	郵撥帳號　0009998-5
門 市 部	(復北店)臺北市復興北路386號
	(重南店)臺北市重慶南路一段61號
出版日期	初版一刷　2019年4月
編 　 號	S 600370

行政院新聞局登記證局版臺業字第○二○○號

有著作權·不准侵害

ISBN　978-957-14-6606-4　(平裝)

http://www.sanmin.com.tw　三民網路書店
※本書如有缺頁、破損或裝訂錯誤,請寄回本公司更換。

奇怪的人文學教室

牛頓的金錢教室

怎麼賺錢？怎麼花錢？

文／李香晏　圖／尹智會　譯／莊曼淳

三民書局

作者的話

　　韓國傳統故事中，有兩則關於賺錢的有趣故事——「吝嗇鬼」和「擅長持家的媳婦」。

　　「吝嗇鬼」在韓國是非常有名的故事。吝嗇鬼是個平常習慣把愛惜的東西都帶在身上的鐵公雞，甚至為了節省菜錢，把一尾黃花魚吊在天花板上，每天就這樣看著黃花魚配飯吃。

　　他甚至不允許自己吃一口飯就看了黃花魚兩眼，全天下應該找不到比他更厲害的小氣鬼了。事實上，用這種方式省錢的吝嗇鬼，最後真的成為了有錢人。

　　「擅長持家的媳婦」故事中賺錢的方法與「吝嗇鬼」完全相反。從前有個貴族為了尋找擅長持家的媳婦，向所有媳婦候選人出了一道題目——讓她們用一個月的糧食度過三個月。大部分的媳婦候選

人一天只吃一餐，為了撐過三個月而用盡全力。不過，只有一位候選人不太一樣。那位媳婦候選人每天做飯，讓自己飽餐一頓，於是，糧食沒過幾天就見底了。

難道她打算放棄成為這戶人家的媳婦嗎？當然不是囉！這位媳婦候選人在吃飽後充滿力量，她便用這股力量努力織布並販賣，最後賺到了非常多的錢財，足夠買能度過更多個月的糧食。

在兩則故事的最後，主角們都成為了富翁，只是賺錢的方法截然不同而已。沒有人可以確定哪個方法是對的，哪個方法是錯的，因為根據當事人所處的狀況、時代或個人喜好，想到的方法便會不同。

為什麼要提到這兩則故事呢？因為《牛頓的金錢教室》就是在述說與金錢有關的故事。這是一本幫助我們思考、討論該如何賺錢與花錢的書。書中的主角——力燦，陷入了金錢所引起的煩惱中。在這個過程中，他遇到了名偵探牛頓和大鬍子學伴，經歷了一場特別的旅程。

力燦究竟經歷了什麼樣的旅程？力燦的煩惱又是什麼呢？現在就讓我們一起進入這段有趣的故事中吧！

李香晏

5

目次

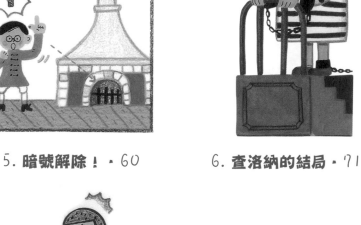

大鬍子學伴的特別課程

介紹這本書中出現的奇怪人物們！

讀書

力燦的腦中

變成有錢人

錢

「如果我們家是有錢人
家的話……」

戴著厚厚的眼鏡，
看起來更膽小了！
「摘下眼鏡後，
我的眼睛可大呢！」

「我沒辦法跑贏……
都是這雙破鞋的錯！」

雖然看起來很膽小
但是變身後勇氣百倍！
「我一定要抓住查洛納！」

力燦

為錢煩惱的孩子。
某天進入了大鬍子學伴的人文學教室，
和牛頓一起調查犯罪事件……
力燦究竟能不能順利解決這起事件？

范修
常和一群不良少年混在一起。
好像計畫讓力燦做什麼危險的事⋯⋯
究竟是什麼事呢？

奇怪的人文學教室

牛頓
到底是科學家還是名偵探？
擔任金錢教室老師的牛頓，
據說是鑄幣局裡的名偵探。
名偵探牛頓正在調查什麼呢？

大鬍子學伴
正常文具店的鬍鬚老頭變成大鬍子學伴了。
究竟活了350多年的大鬍子學伴，他的真面目是什麼？

查洛納
英國最惡名昭彰的偽幣犯。
懸賞金額也是最高的。
查洛納最後究竟會面臨怎樣的結局？

1. 錢！我需要錢！

拖著腳步走出校門，一道熟悉的嗓音讓力燦停下腳步。

「力燦！」

是力燦的好友紹希。紹希朝著力燦揮手，和一群同班同學一窩蜂地湧來。

「我們要去吃披薩，你也一起來嘛！」

他們好像要去學校前十字路口上新開的那家大型披薩連鎖店，這家店最近在力燦班上很受歡迎。他們的燒肉披薩好吃到讓人連舌頭都想吞下去。每次經過店門口，力燦也因為燒肉披薩的

香味而不禁口水直流。

但是，力燦搖搖頭。

「不行！我跟別人有約了，你們去吧。」

力燦假裝很忙碌，急忙離開。

其實，他並沒有其他約會，只是沒有錢罷了。

「我也想去吃披薩，但是披薩的錢要跟其他人一起分攤呀！」

他不想讓朋友知道自己的口袋空空如也。

「唉！我也想吃披薩啊……」

傷心的力燦只能不停踢著無辜的地面。

今天，令人傷心的事情接踵而來。體育課的時候，力燦跑步輸給了哲秀，這完全是運動鞋的問題，力燦腳上穿的運動鞋又破舊又容易鬆脫！但是看看哲秀腳上的鞋，卻是最新的名牌運動鞋，光在運動鞋上，力燦就已經沒有求勝的欲望了。

到了美術課，力燦依舊無法發揮自己的實力。一看到同學們拿著從銀白色到黑色一應俱全、閃閃發亮的新蠟筆組，力燦的氣勢又消沉了。在力燦老舊的蠟筆組中，黑色和藍色的蠟筆已經用到快要沒有可以握住的地方了！力燦不知道用這組蠟筆，可以畫

出什麼好作品。

　　力燦也想和同學們一樣，擁有好穿的運動鞋和全新的文具。
另外，他也想要最新的智慧型手機和新潮的筆記型電腦。

但是，力燦非常清楚這是不可能的事，因為他沒有錢。力燦的家境並不寬裕。

「如果我們家是有錢人家的話，不知道該有多好？」

傷心的他，腳步變得更加沉重。

「可惡！這雙破爛的鞋子！」

力燦開始對鞋子亂發脾氣，突然，有人用力地拍了下他的肩膀。

「喂！江力燦！」

是住在力燦家隔壁的范修哥。聽說這位哥哥常常和一些不良少年混在一起。嚇了一跳的力燦連忙轉過頭，范修指著他說：

「你，是不是需要錢？想賺錢就跟我來！」

力燦又嚇了一跳。居然說有可以賺錢的方法！力燦的腦袋頓時陷入一陣糾結。

「該不會是要我去搶其他同學的錢吧？那可是不對的事啊！」

但是，「可以賺錢」這句話吸引了力燦。

「只要有錢，就可以大方地和同學們一起去吃披薩，還可以買名牌球鞋。」

不僅如此，只要有錢，班上所有同學的目光都會集中在我身上。看看哲秀就知道了。自從他請全班吃漢堡後，馬上就變成班上的人氣王。

　　「但是，范修哥到底要用什麼方法賺錢呢？」

　　一直走在前頭的范修突然停下腳步，然後舉起手指向某處。

　　「你看那邊。」

　　他指的地方是「正常文具店」。正常文具店和它的名字相反，其實一點也不正常。那是一間又破又舊，感覺馬上就會崩塌的文具店。不過，裡面應有盡有，你想要買什麼樣的文具，這裡都買得到，所以每到上學、放學時間，店裡總是被孩子們擠得水洩不通。

　　「那個地方怎麼了？」

　　「你看那裡，鬍鬚老頭是不是正在打瞌睡？」

　　鬍鬚老頭是文具店的老闆。他有著一把長長的鬍鬚，孩子們就幫他取了這個綽號。

　　「看到旁邊那個塑膠盒了吧？鬍鬚老頭習慣把零錢放在那個塑膠盒裡。只要在老頭睡覺的時候偷偷拿走，就絕對不會被發現。我先過去幫你把風，你只要負責把錢拿出來就好，知道了嗎？」

「什麼？」

力燦大吃一驚。要我去把錢拿出來？這不是小偷才會做的事嗎？力燦搖了搖頭。

「不行！不可以！」

力燦不禁覺得頭昏腦脹，心臟也不停狂跳。

但是很奇怪地，他還是不自覺地跟著范修的腳步前進。鬍鬚老頭正在打瞌睡，就算把錢拿走，他肯定也不會知道的吧……？

「只要有那些錢……只要有那些錢……」

轉眼間，范修已經站在文具店前了，他對著力燦比了個手勢，要力燦快點過去。一步、兩步……力燦就這樣偷偷地也朝著文具店的方向移動。

就在這個時候。

呼嗚嗚～呼～

不知從哪裡刮來的一陣強風，捲起了一陣白茫茫的沙塵。

「呸！呸呸！」

力燦必須不斷吹氣、撥頭髮，才能弄掉臉與頭髮上的沙塵。

沙塵風暴終於停歇了。在一片白茫茫中，力燦眼前的視野開

始慢慢地清晰了起來。但是，奇怪的事情發生了。剛剛還在眼前
的范修已經不見人影，文具店也變得很奇怪，灰色的牆壁變成了
淡黃色，原本堆滿店裡的文具也變得又破又舊。

　　咦！認真一看，「正常文具店」的招牌也變得不一樣了。

【奇怪的人文學教室】

「這裡明明是正常文具店……」

正當力燦愣在原地時，剛才還在打瞌睡的鬍鬚老頭突然睜開了雙眼。

「天啊！」

大吃一驚的力燦想要往後退，鬍鬚老頭卻開口對他說道：

「你應該是來買東西的吧？不過，今天不賣東西，而是來幫人上課。」

這又是什麼莫名其妙的話？

「上……上什麼課？」

仔細一看，鬍鬚老頭的樣貌好像變得有點不一樣了。長長的鬍鬚變得更長了，而且眼神也變得很銳利，好像在閃閃發光。讓人覺得有些神祕，又有些毛骨悚然。

「這家文具店有時候會化身為人文學教室，今天正好是變身的日子。而今天的我也不是平常的文具店老爺爺，每到這個日子，人們都叫我『大鬍子學伴』。」

「大……大鬍子學伴？」

事情似乎變得越來越奇怪。老爺爺該不會還沒睡醒，所以才一直在說夢話吧？好像是感覺到力燦充滿疑惑的眼神，大鬍子學

伴轉了轉雙眼說：

「今天的學生就是你呀！一看就知道你正在為錢煩惱。那麼，今天的課應該和金錢有關。哎呀！真的好久沒有上課了！」

「這話是什麼意思？和金錢有關的課？」

大鬍子學伴並沒有回答力燦的話，只是折了折幾根手指，接著又說出了驚人之語。

「這可是睽違了 350 年才再次開啟的課程啊！」

「3……350 年？」

「沒錯。那時的我在英國，而那天來聽我上課的人就是牛頓！」

「你……你說的莫非是科學家牛頓嗎？是那位看到蘋果掉下來，就發現了某個定律的那個科學家牛頓嗎？」

「沒錯，就是那個發現了萬有引力法則的牛頓。我們相遇的時候，他才只不過是個二十歲左右的學生，後來聽說他成為舉世聞名的科學家，還成為世界上最優秀的名偵探。」

人文學教室是什麼？350 年前的課堂又是怎麼回事？還有，科學家牛頓居然是位名偵探？大鬍子學伴的話完全不像話。

不過，大鬍子學伴卻自信滿滿地大聲說道：

「今天的老師就由牛頓來擔任。」

文具店裡的一扇小門突然緩緩打開，大鬍子學伴很快地將驚訝得愣在原地的力燦推入了門內。

「快點進去！牛頓老師很忙的！如果遲到了，他很有可能直接掉頭就走。」

大鬍子學伴又接著說道：

「記住！這扇門不會隨便打開。你一定要和牛頓成功解決問題！那個時候，門才會再度打開。」

2. 名偵探牛頓

碰！

門立刻應聲關上。不管力燦怎麼扭動門把，門還是一動也不動。房間內一片漆黑，黑暗中還飄來陣陣酸酸的臭味。

「這到底是什麼房間啊？」

力燦睜大雙眼，想要找出味道的來源。當力燦正在黑暗中摸索時，他的眼前漸漸明亮了起來，房間內的模樣也慢慢變得清晰。

「嚇！這不是剛剛的地方！」

踢踢躂躂！好像有什麼東西正朝著他飛奔而來。嘶！力燦聽

到了馬的叫聲，隨即有一輛巨大的馬車出現在他的眼前。受到驚嚇的力燦連忙閃避，好險馬車並未撞到他。

「這裡是街道！」

這是一條沒有鋪上柏油的街道，而且地

面凹凸不平，到處都有坑洞。街道兩旁，一幢幢建築並排而立，
熙熙攘攘的人們不斷在建築間穿梭。

　　更令人驚訝的是走在街道上的人們。他們是有著一雙水藍或
翠綠色大眼，以及高挺鼻梁的西方人，這些人的衣著也和現代人

完全不一樣。

　　眼前的景象，讓力燦猜想到他現在應該是在和現代完全不同的世界。

　　「一定是有什麼地方弄錯了！」

　　就在這個時候。

　　「小心！」

　　突然有個人拉住了力燦的手臂，之後卻又使勁推了他一把。力燦一下子被拉又一下子被推，根本搞不清狀況，他發出了「啊！」的一聲驚叫後，便跌坐在地。事情的發生不過在轉眼之間，一名中年大叔扶起仍迷迷糊糊的力燦，並且對他說：

　　「你沒事吧？差點就要被馬車撞了。走在路上要好好看路！」

　　力燦這才搞清楚，原來是剛剛站在路中央時，沒看見正朝著自己衝來的馬車。

　　「這裡是什麼地方？」

　　「還會是什麼地方？這裡是倫敦。」

　　這又是什麼意思？倫敦，不就是英國的首都嗎……？大叔先幫一臉驚訝的力燦拍了拍身上的塵土，接著也抖了抖自己那件老

舊的外套。力燦這下子才有機會仔細打量大叔的樣貌。大叔長得非常帥氣，有一頭捲曲的頭髮和一雙炯炯有神的大眼，以及高挺的鼻子！這張臉看起來十分眼熟。力燦的腦海中，突然閃過大鬍子學伴說過的話……

「今天的老師就由牛頓來擔任。」

這位大叔就是牛頓！這張臉和他曾經在偉人傳記裡看到的牛頓照片一模一樣。天啊！居然可以親眼見到牛頓！

「這肯定是場夢！」

力燦使勁地捏了自己的臉頰一下。

「哎呀！」

好像不是夢。

牛頓看起來非常忙碌。他匆匆忙忙地走進巷子中，左顧右盼打量了四周後，又急急忙忙地朝著某個地方飛奔而去。力燦也跟在牛頓的身後跑著。每當牛頓停下腳步，總會拿起望遠鏡探索周圍，有時候還會躲在柱子後面，觀察著某個地方。

「聽說牛頓還是位名偵探，這是真的嗎？還是，他只是在玩偵探遊戲而已？」

力燦壓抑不住他的好奇心。

「牛頓叔叔！你在做什麼？」

力燦的聲音讓牛頓嚇了一跳。看來，他沒有發現力燦一直跟在他身後。

「你還沒走呀？你為什麼要跟著我？還有，你為什麼知道我叫做牛頓？」

「大鬍子學伴爺爺說必須和牛頓老師見面，然後要一起解決事件……」

力燦的話還沒說完，牛頓便開始發牢騷說：

「真是的！那個老頭又打開了人文學教室。」

但是，他很快就認命了。

牛頓向力燦說：

「我現在正在埋伏，所以你安靜地跟我來。」

「你本來不是科學家嗎？」

「我當然是科學家。不過，最近被任命為鑄幣局的監管，現在正在執行重要任務。」

「鑄幣局是什麼地方？」

力燦好奇地歪著頭，並用炙熱的眼神望著牛頓，看起來他還有很多問題想問。牛頓敵不過力燦的好奇心與強烈的眼神，深深嘆了口氣說：

　　「唉！看來今天就只能調查到這了。不管了，先回到鑄幣局再說吧！」

　　鑄幣局位於倫敦塔裡。倫敦塔是一座用石灰岩打造、長得很像巨型城堡的建築，位於泰晤士河北岸一座與河堤相鄰的山丘上。

　　「這裡是國家製造貨幣的地方。貴金屬的價值也在這裡測定。」

　　「錢！這裡是製作錢的地方？」

　　力燦瞪大雙眼。

　　力燦跟著牛頓參觀鑄幣局的各個角落，看到人們正把燒得火熱的金屬放入機器中，然後製造出錢幣。仔細查看這些錢幣後，力燦感到非常訝異。

　　「天啊！是……是金幣！還有銀幣！」

　　這些是只有在書中才能看到的金幣和銀幣，現在居然就在眼前閃閃發光！因為驚訝與興奮，力燦的雙眼變得更炯炯有神。

「只要有了這些，就可以變成有錢人了吧？」

但是，牛頓將力燦手中的金幣和銀幣放回原處，並開口說道：

「別忘了，這些是國家的錢，不是你的。」

牛頓微微一笑，告訴力燦自己負責的工作。牛頓是鑄幣局裡的監管，在鑄幣局裡負責製造新的錢幣。最近，英國的貨幣出現了很大的問題，而這些問題都是來自於偽造金幣和銀幣的「偽幣犯」。偽幣犯會製造出假的金幣或銀幣，並且將真的金幣和銀幣切

成一小塊一小塊，再一點一點地賣到國外。因此，英國國內的金和銀漸漸減少，真正的硬幣也面臨消失的危險。經過考慮後，國家終於決定鑄造新的錢幣，並將這份工作交給牛頓。

不過，就算鑄造了新的錢幣，沒過多久又會毀在偽幣犯的手上，完全不能解決問題。因此，身為鑄幣局監管的牛頓，也開始追捕偽幣犯。

「我一定要抓到這些小偷！」

聽到「小偷」二字，力燦的心臟突然跳了一下。俗話說：「做賊心虛」，力燦突然想起自己曾打算和范修哥偷東西的事。力燦喉嚨感到一陣乾燥。

　　「咳咳！」

　　力燦大力咳著，呼吸好不容易才回復平順。牛頓指著牆上的布告欄說：

　　「你看那個。他們就是我們要緝捕的偽幣犯。」

　　布告欄上貼著犯人們的畫像，每個人都長得一副凶神惡煞的模樣。每張畫像的下方都標示著懸賞金額。

　　牛頓表情凝重地瞪著那些畫像。

　　「這些人之中，你覺得我最想抓的是誰？」

　　力燦連忙回答：

　　「查洛納！」

　　這個問題其實非常簡單，因為查洛納的懸賞金額是最高的。

　　「沒錯！查洛納是壞人中的壞人！我一定要抓到他！」

　　牛頓握緊拳頭，咬牙切齒。等到怒氣稍微平息之後，他看著力燦說道：

「對了！你願意成為我的輔助搜查官，幫我進行調查嗎？」

　　哇！輔助搜查官？原本以為這種事只會出現在電視劇裡呢……力燦心想，絕對不能放過這絕佳的機會。所以，力燦高興地大聲喊道：

　　「好！我有信心可以帥氣地解決這起事件！我應該先做什麼呢？」

　　身為搜查官，抓到犯人的那一刻一定超級威風，力燦開始不停幻想著自己抓到犯人時的畫面……

3. 間諜大作戰

　　天一亮，牛頓和力燦便前往倫敦的大街小巷，搜查犯人可能藏身的各個隱密角落。

　　但是，要找到很會躲藏的查洛納並不是一件輕鬆的事。

　　「我能確定他一定在倫敦……」

　　牛頓看著手上的情報手冊，這裡的資料可都是他費盡千辛萬苦才蒐集到的。但直到現在，他們仍是一無所獲，牛頓失望地搖了搖頭。隨著時間流逝，牛頓的表情越來越焦躁，而力燦的好奇心也越來越旺盛。

「查洛納到底躲在哪裡？他就是讓英國充滿假錢的騙子？查洛納到底是什麼樣的人？」

力燦曾經這麼想過：

「如果可以隨意製作錢幣的話，不知道該有多好。」

不過，現在真的有兩名可以做到這件事的人出現在他眼前。這兩個人就是牛頓和查洛納。當然，這兩個人製造的錢幣大不相同。牛頓製造的是可以合法使用的真錢，而查洛納製造的是非法的假錢。

這麼說來，牛頓與查洛納的這場對決，便可以說是真錢與假錢的勝負之爭。

力燦想著現在查洛納可能正躲在暗處，吐著舌頭、扮著鬼臉嘲笑牛頓說：「有本事來抓我啊！」

「牛頓可以抓住查洛納嗎？牛頓與查洛納之中，究竟是誰更厲害呢？」

太好奇勝負的結果，力燦的雙眼散發出光芒。

牛頓確實是一位有能力的偵探。他對查洛納進行搜查，並開始發揮傑出的推理能力。

「查洛納肯定在倫敦。但是，他會在哪裡呢？我們有先去找了罪犯時常出沒的小巷，但是，我覺得查洛納說不定會出現在意想不到的場所。他可不是普通的犯人，非常聰明，作風也和其他一般的罪犯不一樣，搞不好現在正光明正大的在街上走著。」

「意想不到的場所？那是什麼地方？」

「像是一般人認為犯人絕對不會去的地方。」

「嗯……哪種地方是犯人們討厭的地方？有了！是不是像警察局或法院之類的地方？」

「沒錯！搞不好他就躲在離我們非常近的地方。」

「就是這樣！俗話說得好，最危險的地方反而是最安全的地方。」

牛頓和力燦馬上動身前往有眾多公家機關的倫敦市區。牛頓已經讓搜查官們埋伏在市區的各個角落，而牛頓和力燦兩人也在鄰近警察局和法院的某家餐廳裡進行埋伏任務。

「注意看從這裡經過的每個人。眼神要自然地看向街上的行人，但是卻又必須仔細地觀察他們。因為在這些行人之中，有人可能是查洛納喬裝的。」

「我知道了！」

力燦努力地睜大雙眼，監視著經過的路人。

不知道過了多久，牛頓突然起身離開餐廳，並對力燦說道：

「力燦，你繼續埋伏。我去附近巡邏一下。」

力燦心想大概是埋伏的時間越來越長，讓牛頓大叔的心情越來越煩悶，所以才想出去透透氣吧？不過牛頓離開後，還不到五分鐘，便聽到有人高聲呼喊道：

「抓住他！他是查洛納！」

那是牛頓的聲音。牛頓在餐廳外看到了不尋常的景象。

力燦從餐廳的玻璃窗向外看，他看見一名穿著得體的男子正拚命奔跑，而牛頓在他的後方追趕著。仔細一看，那名男子正是查洛納！是出現在畫像上的那張臉沒錯！

正如牛頓所想，查洛納果然跟普通的犯人不同，他居然穿戴整齊地在市區出沒，所以才絕對沒有人會想到，這名看起來像是紳士的男子，竟然是個通緝犯。

查洛納朝著力燦所在的餐廳跑去，只要過了餐廳前的這條路，就是布滿密密麻麻小巷子的住宅區，看來查洛納是打算躲到住宅

區裡，要是讓查洛納跑進了那裡，想再找到他便很困難了。但是偏偏查洛納又跑得特別快，再這樣下去，恐怕又要跟丟了。

「怎麼辦？絕對不能就這樣坐視不管！」

力燦用力推開餐廳大門走了出來。查洛納越來越接近了，但是，面對人高馬大的查洛納，力燦沒辦法用力氣取勝。該怎麼攔住他呢？

「算了！我不管了！」

力燦咬緊嘴唇，用力地握著拳頭。然後，他突然把左腿伸到路上。情急之下，這是力燦唯一可以做的事。

「哎喲喂！」

查洛納的腳被力燦絆了一下。

「砰！」

查洛納跌了一跤，而力燦也一屁股跌坐在地上。

「抓住他！」

牛頓撲向查洛納，埋伏在四周的搜查官也一個個衝了出來。力燦這才鬆了口氣。

「呼！好險！」

好不容易抓到的查洛納絕對沒有想像中簡單。面對牛頓難纏的審問，他的態度依舊理直氣壯。

「拿出我做了這件事的證據啊！證據呢？」

查洛納反而動不動就大聲頂撞。

結束審訊的牛頓終於忍不住抓狂了。

「第一次看到這麼厚臉皮的人！要怎麼樣才能找到證據呢？根據我們國家的法律，偽幣犯被抓到的話，將會被處以死刑，但是一定要有決定性的證據才行。」

「決定性的證據？是什麼證據？」

「製造偽幣時，會將金屬燒融後倒入模子中定型，那個模子就叫做『鑄模』，只要找到那個就可以了。但是，那傢伙不知道把東西藏在哪裡。就在剛剛，搜查官們查到了查洛納曾經居住的幾個藏身處，並前往搜查，但是一無所獲，所以一定要想個方法，讓查洛納告訴我們他把鑄模藏在哪裡。」

牛頓的眼神流露出一絲焦躁。

就在這個時候，力燦突然想起幾天前看過的電影情節。那是一部犯罪調查電影，其中有一幕描述的是派遣間諜蒐集情報。

「要不要試試看『間諜作戰』呢？」

「間諜作戰？」

「沒錯！就是派遣間諜去蒐集情報。至於方法嘛……」

力燦想到的方法是「監獄間諜大作戰」。這個方法是將一名間諜和查洛納關在同一間牢房，再藉此蒐集情報的策略。這個方法的成敗全部都掌握在間諜手上。間諜必須是一個犯人沒見過的生面孔，牛頓立刻決定了擔任間諜的人選。

「新的搜查官羅森應該很適合。」

他立刻向羅森下達作戰命令：

「羅森，我會把你關進查洛納的牢房。你要假裝自己是個被逮捕的新手偽幣犯。這樣一來，查洛納便會放下戒心，接下來你只要和他混熟就可以了。然後，再從他口中打探出鑄模藏在哪裡！」

「好的，我來試試看！」

間諜作戰就這樣順利展開了。

不過問題是，查洛納並未輕易就說出鑄模的下落。幾天過去後，還是沒有獲得他們引頸期盼的情報。

「查洛納真的會告訴羅森鑄模藏在哪裡嗎？」

時間就這樣流逝著。等待羅森消息的這段期間，真是令人不安。沉悶的等待時間，讓力燦和牛頓開始聊起天，牛頓跟力燦說了很多事。

「牛頓叔叔為什麼會在鑄幣局裡工作呢？你不是科學家嗎？」

「因為鑄幣局的工作內容也和科學有很大的關係。這次鑄造

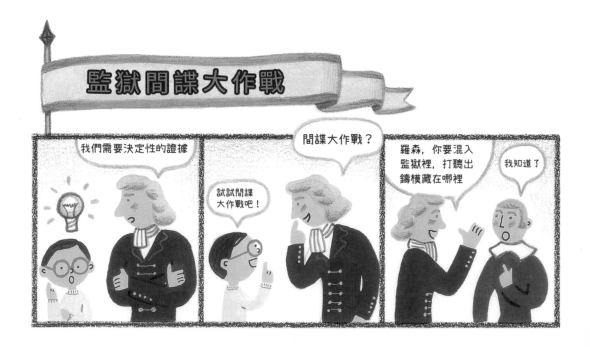

的新錢幣，裡面也藏著有趣的科學祕密。」

「什麼祕密？」

「消滅偽幣的方法之一，就是在錢幣的邊緣刻上細緻的凹痕。偽造錢幣時，很難連凹痕也一起造假。這樣就可以輕鬆區分真錢和假錢。」

「啊哈！那麼，想出在邊緣刻上凹痕的人就是牛頓叔叔嗎？」

「不！我不是第一個想到這個點子的人。這個點子是法國的鑄幣工人想到的，而且已經使用這個方法鑄造出錢幣。不過，我

試著用新的方法製作出更難被仿造的錢幣。」

「你為什麼會有這種想法呢？」

「因為我從小就對錢很有興趣啊！其實我的夢想是成為有錢人，我的家境並不好，所以我老是夢想成為大富翁。」

「哇！我們的願望一模一樣。我的願望也是想成為有錢人耶！」

力燦覺得牛頓更加親切了，光是得知牛頓和自己擁有一樣的想法，就讓他覺得又高興又神奇。

「那麼，牛頓叔叔的願望算是實現了吧？」

「什麼意思？」

「你不是在鑄幣局裡製造數以萬計的錢幣，而且每天都可以盡情把玩這些錢幣嗎？這就是變成大富翁吧，嘿嘿！」

「原來如此，哈哈哈！」

爽朗大笑了一陣子後，牛頓突然露出認真的表情並低聲說：

「但是，來到製造錢幣的地方之後，我對金錢的想法改變了。我以前覺得，只要有很多錢，就一定能過上幸福的生活，但是在看過倫敦的有錢人如何生活後，卻又覺得有錢並不一定就是好事。

待在這個地方，反而見到許多金錢招來的不幸。沒有錢的人挨餓受凍，為了獲取金錢而不惜犯罪；但有錢也是個問題，兄弟為了錢而吵架的事件時常發生，而且為了更加富有，有錢的人們也會做出一些非法的事情。世界上真是沒有比錢更可怕、更危險的東西了！」

儘管如此，力燦還是無法認同牛頓的話。

「就算是這樣，我還是認為有錢很好。這樣才能買想要的東西，還可以住在漂亮的房子裡，如果有家境不太好的朋友，還可以幫助他們。」

「你的想法也對，世界上的確也沒有任何一樣東西像金錢一樣美好。我曾經在倫敦的街道上，看到一位富人對賣火柴的少女伸出援手，也曾看過大方捐出一部分財產的人，真是些偉大的人們啊！」

「沒錯！在我生活的世界裡，也有一位在全世界掀起話題的富翁。他叫華倫‧巴菲特，是世界上數一數二的富豪。不過，他竟然宣布要將自己大部分的財產捐贈給社會。」

「真是一位了不起的人。金錢真是個奇妙的東西，不管到了誰的手上，外表都不會改變，但是不同的使用方法，卻能創造出

不同的價值。錢到了罪犯手上，會變成犯罪的證據；但到了慈善家手裡，卻會成為世界上最美好的禮物。」

「真的是這樣耶！」

就在力燦用力點頭附和的時候……

「我打聽到了！我打聽到了！」

外頭傳來一陣呼喊聲，是羅森的聲音。

「查洛納說出藏鑄模的地方了！」

4. 尋找鑄模！

「在哪裡？」

牛頓用滿懷希望的雙眼看著羅森，因為這可是花了許多時間、好不容易才得到的情報，牛頓實在是太期待了！

羅森的嗓音也難掩激動，他大聲地說：

「我做到了！我打探到了！您知道我有多辛苦嗎？為了得到他的信任，我可是用盡全力討好他耶！不只要幫他做事，還得幫他按摩呢！」

羅森積極地想要先讓牛頓知道自己的辛勞與努力。但牛頓對

羅森的牢騷一點興趣也沒有，感到乏味的牛頓不禁高聲說道：

「所以，東西到底在哪裡？鑄模藏在哪？」

不過，羅森說出的地點有點奇怪。

「查洛納說了，鑄模就在他被捕之前，最後藏身的建築物裡！
他把鑄模藏在建築物的某個洞裡。他是這麼說的。」

羅森甚至還模仿了查洛納的聲音和動作。

「不管牛頓再怎麼厲害，他也絕對找不到鑄模。因為，他絕不會為了尋找鑄模，去搜索那麼空曠的房子，而且也絕對不會想到要搜索那樣的地方！哈哈哈！」

牛頓和力燦同時疑惑地歪著頭。

「他說：『絕不會為了尋找鑄模，去搜索那麼空曠的房子，而且也絕對不會想到要搜索那樣的地方！』這是什麼意思？」

羅森提供的情報的確是非常重要的線索。不過，藏匿鑄模的地點到底在哪裡？真是條像謎語般的模糊線索！

力燦頓時感到無力，腦袋裡變得像迷宮一樣複雜。

「絕不會為了找到鑄模而去搜索的地方？」

力燦越想越覺得煩躁。

「哎呀！這到底是怎麼回事？結果還是不知道是在什麼地方嘛！」

不過，牛頓並未因此感到失望。

「他在被捕之前待的地方，是一個鑄造偽幣的房子，已經被我們的搜查官找到了。那個地方是在距離倫敦約五十公里遠的郊區，好像有一名老人負責看守。那棟建築的具體位置在……」

陷入沉思的牛頓突然站起身來。

「去搜索那棟建築就會找到答案了吧？一直呆坐在這裡也得不到答案。」

牛頓說得沒錯。力燦也趕緊站了起來。

「我也要一起去。」

「那麼，你也要跟我一樣變裝。」

「為什麼？」

「那個負責看守的老人說不定知道我的長相。那些傢伙很可能已經事先記住我們的搜查官或是我的長相了。就這樣過去的話，他一定不會幫我們開門。先變裝一下，讓他幫我們開門，才可以順利進行搜查。」

牛頓不愧是心思縝密的名偵探。

牛頓戴上假髮和鬍鬚改變自己的樣貌。力燦也戴上帽子掩住臉，他還戴了一副黑框眼鏡。變裝之後，力燦覺得自己好像真的成為了搜查官，內心不禁一陣激動。

力燦高高舉起右手，大聲說道：

「尋找鑄模，出發！」

查洛納藏身過的建築是一座老舊的倉庫，四周幾乎沒有其他建築物，是一個相當適合祕密進行工作的地方。牛頓一步步接近倉庫，他的動作熟練、慎重。

四周是不是有其他人？是不是有人正在偷偷看著他們？牛頓一邊用銳利的目光仔細地留意著四周，一邊往倉庫走去。最後終於站到倉庫門前的牛頓，緊張地吞了一口口水。接著，他緩緩地敲了敲緊閉的門。

叩叩！

過了好一陣子，門內才傳來老人的聲音。

「是誰？」

牛頓的演技非常自然。

「我是查洛納先生派來的，請幫我開門。」

聽到查洛納的名字，老人並沒有任何回應。他一定是感到非常訝異，懷疑我們是怎麼認識查洛納的，並且在心中思考各種可能的情況。

牛頓與力燦都很緊張。真的能瞞過老人嗎？

不久，門內再次傳來老人的聲音。

「有什麼事嗎？」

老人上鉤了！牛頓用更加有自信的嗓音回答道：

「查洛納要我把偽造的錢幣裝在袋子裡後，再拿回去給他。
快點幫我開門吧！」

你再
靠近一點

老人更加小心翼翼地說：

「門上有個洞，你把臉對準那個洞讓我看看。」

好像是想要確認我們的長相。牛頓的推測果然沒錯，多虧事

先喬裝打扮了一番，牛頓看起來完全像是另一個人。確認來者的確不是牛頓之後，老人這才轉動門把。但是，他打開的只是一扇小門。老人透過只看得到上半身的小門，再次仔細查看外面的狀況。看到力燦的老人或許覺得，連小孩都帶來了，應該不是搜查官，所以馬上露出安心的表情。

　　不過，如果他仔細看了力燦的眼神，應該不會放下戒心。力

燦在鏡片下的眼睛不停閃爍，正努力地在尋找著鑄模。

　　牛頓拿出事先準備好的袋子，並自然地說道：

　　「請將錢幣裝到這個袋子。」

力燦立刻猜到了牛頓的計畫。

「他想要拿假的錢幣當作犯罪證據。」

但是，老人也不是個簡單的角色。他露出堅決的表情，擺了擺手說道：

「錢幣沒辦法馬上給你。我們內部也有負責打聽和確認情報的組織，東西會在組織確認身分後交給你。明天同樣的時間再過來一趟吧！」

牛頓的眼神立刻出現一絲動搖，肯定是有些慌張。

儘管如此，眼前的狀況讓他們無法強行進入。倉庫裡除了老人之外，不時還傳來陌生男子的聲音，可以確定的是，倉庫內至少還有兩名以上的健壯男子。而且，如果在老人面前露出破綻，查洛納被關在監獄的事也會跟著曝光，這麼一來，為了掩蓋犯罪的事實，老人和男子們一定會守口如瓶，尋找鑄模的任務也會變得更加困難。

「我知道了。我們明天會再來一趟。」

牛頓乖乖地離開了倉庫。

「真的就這樣回去了嗎？」

聽到力燦無精打采的話，牛頓噗嗤一笑。

「怎麼可能？真正的作戰現在才正要開始！」

「這是什麼意思？」

「現在開始，我們必須躲在樹林裡埋伏。如果老人開始動用組織的力量搜尋情報，那他們很快就會知道查洛納被捕的事，而我們的假身分也會跟著曝光。如此一來，他們應該會迅速逃跑。」

「他們逃跑的時候，應該會帶著鑄模逃跑吧？我們等到那個時候，再將他們一網打盡不就可以了。」

「你說的對，的確有這個可能。但是，鑄模被藏在連查洛納本人都覺得很難找到的地方，萬一搜查的時間越拖越長，查洛納到時候可能會被無罪釋放。所以我們最好在組織蒐集到情報前，就找到鑄模。現在得加緊腳步才行。」

「那我們現在該怎麼做呢？」

「再等一段時間，我們的搜查官們會來這裡會合，在這之前，你和我要在這裡躲著，等待適當的時機。老人剛剛說組織會開始行動，所以等一下他們應該會派其中一名男人出來打探消息。那時，門一定會打開，我們只要趁機一起跑進去就可以了！」

5. 暗號解除！

　　不知道過了多久，力燦不斷打著哈欠，很長一段時間都這樣靜靜蜷縮在樹林中，讓他感到全身痠痛、疲憊不已，但最令人無法忍受的是那不斷襲來的寒意，冬天刺骨的冷風讓力燦不停瑟瑟發抖。

　　倉庫那頭依舊毫無動靜。

　　「搜查官們什麼時候會到？老人真的會讓組織開始行動嗎？我們倆要不要直接衝進去？」

　　牛頓一派輕鬆地說道：

　　「搜查沒有這麼簡單，必須懂得忍耐、等待最佳時機。」

如此辛苦的等待，究竟要持續到什麼時候？力燦越來越討厭查洛納了！他想了想，會讓他這麼辛苦，不都是因為查洛納製造偽幣嗎？

　　不過，做盡壞事的查洛納真的賺了很多錢嗎？

　　「牛頓叔叔，查洛納應該賺了很多錢吧？他應該變得超級有錢，對吧？」

　　牛頓點點頭說：

　　「他當然賺了很多錢。聽說他擁有好幾幢大得嚇人的房子，過著豪華的生活。」

　　「真的嗎？」

　　「怎麼了？你羨慕他嗎？」

　　「沒……沒有！」

　　力燦漲紅了臉，因為聽到查洛納成了有錢人，他一時有點心動。

　　牛頓微笑著說：

　　「你不必羨慕他，通常越容易賺到的錢，就越容易花掉。查洛納四處亂花錢的傳聞也很多，不久前他已經將錢都花光光，甚至還欠下了債。所以，他才會又開始製造起偽幣，想要再大賺一筆。」

「他把錢都花光了？唉，真可惜！」

「罪犯和詐欺犯都是這樣，靠著欺騙他人賺取錢財，又輕易把騙來的錢花光。然後，又再去詐騙別人！雖然沒有錢會很不方便，但他們不知道，用不正當的方式賺錢，最後只會害到自己。」

牛頓說完這句話，便嘆了口氣，好像有許多感觸。

看著這樣的牛頓，力燦不禁心生疑惑。

「牛頓叔叔是怎麼認識大鬍子學伴爺爺的呢？」

牛頓暫時陷入了回憶中。

「遇見大鬍子老頭的時候，我滿腦子想的都是錢。那時我想繼續讀書，但是手上卻沒有多少錢。正好由於某些原因，身上突然有了一點錢，我便打算用那筆錢賺到更多的錢，因為我不想在讀書的時候，還要煩惱錢的事情。」

「然後呢？你成功賺到更多錢了嗎？」

「我把錢借給朋友並收取很高的利息，收入還算不錯。」

「你收取很高的利息？這樣不太好吧？」

「沒錯！這的確不是件好事。而且因為只想著錢，不知不覺便覺得錢比朋友更重要了。然後，從某一刻開始，朋友們開始疏遠我，結果我就變成了一個孤單的人。」

「唉，怎麼會這樣！你一定很傷心吧！」

力燦似乎對牛頓的悲傷感同身受，覺得這就和自己因為沒有錢，而不能跟同學們一起去吃披薩一樣。

力燦很好奇牛頓是如何克服寂寞的呢？

「那時我偶然遇見的人正是大鬍子學伴。從他身上我學到了特別的一課，遇見他之後，我便不再做那種事了。」

「他教了你什麼？」

「祕密！這可是我專屬的回憶。」

「怎麼這樣！啊！牛頓叔叔，告訴我嘛，好不好？」

正當力燦抓著牛頓的手臂，不停死纏爛打的時候。

「噓！門打開了！」

牛頓用一隻手搗住力燦的嘴，而力燦也馬上低下頭並躲進樹叢中。然後他們將眼睛周圍的草撥開，確保視線不被遮蔽。

倉庫的門緩緩打開，兩名男子走了出來。

窸窣！

剛好搜查官們也正在悄悄接近。就是現在！

牛頓突然站了起來，並且朝著搜查官們大喊：

「上啊！」

搜查官們全都朝著倉庫跑去，速度快得讓老人和男人們來不及反應。搜查官們穿過那扇開啟的門，瞬間進入了倉庫。他們對著牛頓比了個手勢，牛頓便也趕緊進到了倉庫裡面。當然，力燦也跟在他們身後。

牛頓用洪亮的聲音在倉庫裡高喊著：

「找出鑄模！每個縫隙都不許漏掉！」

牛頓的命令讓搜查官們加快了速度。

但是大家查看了倉庫的每個角落，還是沒有發現鑄模的蹤影。家具間的縫隙、地板上的坑洞、窗口……搜查官們翻遍了各處，但就連疑似是鑄模的東西都沒有看到。大家漸漸露出疲累的樣子，而在一旁靜靜看著一切的老人，嘴角開始浮現卑鄙的笑容，老人的眼神也彷彿在說：

「你們絕對找不到！鑄模可是藏在你們想像不到的地方呢！」

老人越是如此，牛頓越是氣得咬牙切齒。

「一定要找到！再仔細搜！」

力燦也焦急萬分，不過越是如此，越要努力保持冷靜。

「越是這種時候，越要保持冷靜。如果慌張或著急，會連眼前的東西都看不清楚。再次想想查洛納說過的話吧！查洛納曾經說過東西藏在一個洞裡！而且是我們絕不會為了要找出鑄模，而去搜索的地方！究竟那是什麼地方？絕對不會去翻找的地方？」

力燦開始東張西望，最後目光停在建築物的一角。力燦的臉上浮現了笑容。

　　「牛頓叔叔，這裡！在這裡！」

　　力燦一邊大喊，一邊指著牆邊的老舊壁爐。老人看見力燦的指尖指向了壁爐，臉色瞬間慘白，就好像是一張白紙一樣。他的表情已經說明了一切。

　　「沒錯！肯定在那裡。趕快找找看！」

　　搜查官一窩蜂地跑了過去。不久，傳出一陣歡呼聲。

　　「找到了！鑄模就藏在壁爐裡！」

　　搜查官從滿是煤灰的壁爐裡拿出鑄模，上面沾滿了污漬。

　　老人頓時無力地跌坐在地上，牛頓則露出雪白的牙齒，燦爛地笑著。牛頓一下看著從煤灰中找出的鑄模，一下看著力燦，接著開口說道：

「哇！太厲害了。你到底是怎麼知道的？」

力燦聳聳肩說：

「仔細想想，自然就知道答案了。現在不是冬天嗎？」

「冬天？對啊，是冬天，但冬天又怎麼樣了呢？」

「每到冬天，只要是有人在的地方，就一定會使用壁爐。但是當我們一進到這個地方，就覺得非常寒冷。一開始，我還以為是因為這裡沒有壁爐，不過仔細一看，這裡有一座大壁爐，但是為什麼不使用呢？」

「啊哈！原因只有一個，那就是因為鑄模藏在裡面！」

「沒錯！查洛納所說的『建築物的某個洞裡』，指的就是壁爐。」

6. 查洛納的結局

終於到了審判日。

「我沒有犯罪！我從來沒有製造過偽幣！」

查洛納不但不肯承認，而且不斷撒謊。

但是，一切都已經徒勞無功，因為法庭上已經有許多證人等著揭露查洛納的罪行。

「查洛納曾經向我炫耀，說他打造了可以製作偽幣的鑄模。」

「我曾聽他說過，只要四、五個小時，就可以做出能製造假錢的鑄模，而且做的假錢就跟真的一模一樣。」

「我曾親眼目睹，他把銀幣又切又刮，然後將刮下來的銀屑融化後，倒入鑄模做成新的錢幣，再進行販賣。」

證人們就這樣你一句我一句地說個不停。

儘管如此，查洛納仍舊拒絕承認自己的罪行，不斷朝著牛頓大吼大叫：

「這些都不是真的！我絕對沒有做過這些事。拿出證據來呀！證據！」

牛頓緊緊咬了一下嘴唇後說：

「呈上鑄模作為證物！」

終於到了呈上證物的這一刻。關鍵證據——鑄模的出現，讓查洛納束手無策。

查洛納的臉色瞬間蒼白，用發抖的聲音說：

「那……那個怎麼會……？」

接著，當看守倉庫的老人也出現在證人之列時，查洛納馬上驚訝得連嘴巴都合不起來。

「我看過查洛納用這個鑄模製造偽幣。我只是幫忙藏鑄模而已，這一切都是查洛納指使的，所以我沒有罪！」

老人理直氣壯地說。

老人居然將所有的責任都推到查洛納身上，查洛納立刻生氣地大吼大叫：

「在亂說什麼啊！是那個老人做的，我什麼都不知道。這一切都是那個糟老頭做的！」

兩名罪犯互相推卸的樣子，讓在場的人皺起了眉頭。看了兩人心地醜陋的模樣，牛頓不以為然地說：

「所有的壞人都是這樣，只要事跡敗露，就總是想盡辦法要將責任都推到別人身上。唉！」

終於，判決結果出爐了。

「查洛納有罪！處以絞刑！」

當宣布判決的瞬間，力燦覺得心情有點奇妙，感覺就好像有人正用槌子在敲打他的心臟一樣，力燦的心怦怦跳個不停，感覺有些焦躁。

「如果那個時候，我沒有遇到大鬍子學伴爺爺，會發生什麼事呢？應該會和范修哥一起偷東西吧？搞不好會被抓到警察局。就算運氣好沒有被發現，最後下場也一定不會好到哪裡去。唉！

再怎麼想要錢，偷錢或用非法的手段賺錢都是不對的，我可不能以為這只是小小的偷竊，就覺得沒有關係，這樣以後我一定會犯下更多的罪行，變成罪無可赦的罪犯吧？就像查洛納一樣……」

力燦彷彿站在懸崖邊上，冒出一身冷汗。

「真的好險呀！呼！」

力燦安心地吐了口氣。牛頓拍拍他的肩膀說道：

「賺錢很重要，想買到需要的東西，就需要錢。查洛納也是為了賺錢才會做出這種事。但是不要忘了，錢是怎麼賺到的也很重要，不可以不擇手段賺錢。可不要像查洛納一樣啊！查洛納其實是個非常聰明且腦袋清晰的人，如果正正當當地賺錢，也不至於落到這種下場。而且如果他用正當的方式賺錢，便會懂得珍惜自己辛辛苦苦賺到的錢。」

力燦朝著牛頓用力地點了點頭，牛頓看著力燦，臉上露出微笑。那抹微笑像是在對力燦說：

「我了解你的心情。我就是在這樣的時候與大鬍子學伴相遇，並上了和你的經歷相似的一課。」

這時，羅森突然跑了過來，在牛頓的耳邊悄聲說道：

「偽幣犯保羅出現了！」

保羅？保羅也是出現在那些通緝犯畫像中的名字之一。

牛頓突然站起身衝出法庭，命令在法院門口待命的搜查官：

「出動！去逮捕保羅！」

追捕犯人的任務再次展開，牛頓也開始跟著搜查官一起奔跑。

「我也要一起去！」

力燦也跟在後面跑了過去。逮捕到查洛納後，他充滿了自信。

「保羅！你等著！我一定會親手逮捕你！」

但是好奇怪，跑著跑著，眼前的景象卻越來越模糊，四周就好像被蒙上了一層霧，牛頓和搜查官的身影像被風吹走的沙子一樣漸漸消失。力燦慌張地四處張望，大聲呼喊：

「牛頓叔叔！你在哪裡？」

牛頓並沒有回答他，不過耳邊傳來熟悉的聲音。

「事件圓滿地解決了！現在該回去了！」

是大鬍子學伴爺爺的聲音。

眼前出現了一扇熟悉的門。

咿呀！

門開啟時發出吵雜的聲響，力燦被吸進門內。

7. 不可以！

碰！

耳邊傳來關門的聲響。回神一看，力燦發現自己身在文具店裡。

「我回來了！」

力燦瞪著雙眼打量四周，沒有發現大鬍子學伴爺爺的身影。但是一切都回到和大鬍子學伴相遇前的景象——鬍鬚老頭依然在沉睡，旁邊還有正在把風的范修哥。

「噓！快點把錢拿出來！」

范修皺起眉頭催促著力燦。

力燦突然了解到自己剛剛經歷了一場奇幻冒險，然後又再回到原處的這件事。

讓我經歷了這麼特別的經驗，背後一定有什麼原因。

「沒錯！大鬍子學伴爺爺和牛頓一定是不想讓我誤入歧途，為了錢而犯罪。他們一定是想要阻止我變成和查洛納一樣的人，所以才會出現在我眼前。」

不能讓大鬍子學伴和牛頓的努力白費，我絕對不可以變成小偷。

力燦堅定地握緊拳頭，向范修擺了擺手並大聲喊道：

「不可以！絕對不可以！」

力燦的聲音堅決而宏亮，把鬍鬚老頭嚇得從睡夢中驚醒。

范修哥看見鬍鬚老頭醒了，便立刻從文具店奪門而出。

「可惡！我絕對不會放過你！」

范修朝著力燦的方向揮了好幾下拳頭，之後就馬上消失無蹤了。

鬍鬚老頭一臉呆滯，還搞不清楚狀況。

「發生什麼事了？你想買什麼東西？」

力燦盯著鬍鬚老頭看。

「是普通的文具店老爺爺嗎？不對，明明就是大鬍子學伴……」

不過，不管眼前的這位爺爺是大鬍子學伴，還是文具店鬍鬚老頭都無所謂，重要的是力燦的心。

力燦露出開朗的笑容說道：

「爺爺，您別擔心。我絕對不會再有不好的想法，我保證！」

老爺爺露出疑惑的表情說道：

「你到底在說什麼？」

力燦離開文具店，朝著學校圖書館跑去。有件事他一定要好好確認。

一到圖書館，力燦便從書架上的書中，拿出牛頓的傳記。

「不知道牛頓後來怎麼樣了？逮捕查洛納之後，還繼續留在鑄幣局裡工作嗎？」

力燦急忙翻開書頁。

牛頓逮捕了查洛納，又成功完成製造新貨幣的任務，因為功勞卓越，最後被任命為鑄幣局局長。牛頓身為科學家的功績受世人肯定，還榮升鑄幣局局長，最後成為一位大富翁。

果然是個非常適合牛頓的結局啊！力燦的臉上綻放出開朗的笑容。正當他高興地闔上書本時，卻聽到一陣刺耳的呼喊。

　　「喂！臭小子！你到底是怎麼搞的啊？」

　　是范修哥！范修哥滿臉通紅，一副氣喘吁吁的樣子，看來他是跟著力燦來到圖書館的。

　　不過力燦也非常理直氣壯，露出笑嘻嘻的表情並溫柔地說：

　　「范修哥，你看啊！牛頓變成富翁，並且一直過著幸福快樂的日子。牛頓說的對，雖然錢很重要，但更重要的是『如何賺錢』。眼裡只看得到錢的查洛納，最後被處以絞刑，而為國民服務的牛頓，反而變成有錢人。我說的對吧？」

　　范修有點慌張。

　　「你到底在說什麼？可惡，真的是瘋了！」

　　范修瞪著雙眼大聲吼叫：

　　「明天再來文具店一趟。如果又失敗了，我絕對不會放過你。」

　　說完他就邊發著牢騷，邊走出圖書館。

　　力燦看起來完全沒有被嚇到，若無其事地將書放回書架上。

突然，他好像想到了什麼，停下了動作，臉上也再次泛起了微笑。
力燦喃喃自語道：

　　「大鬍子學伴爺爺，明天的學生就是范修哥了。拜託你好好
幫他上一課囉！」

大鬍子學伴的
特別課程

・金錢的世界史

・書中的人物，書中的事件

・使思考成長的人文學

金錢的世界史

在人類世界裡，金錢是非常重要的工具，因為所有的商業交易都建立在金錢上，所以很難想像沒有錢的世界會是什麼模樣。人類究竟是從什麼時候開始使用「金錢」的呢？金錢又是如何改變人類世界？

現在就讓我們一起來看看，在金錢的發展過程中，對人類世界帶來什麼樣的影響。

貨幣登場前，以物易物的時代

在遙遠的原始時代，人們不需要貨幣。因為在原始社會裡，人們需要的東西都得自行生產、製作，是自給自足的社會。不過，隨著生產量慢慢增加，也開始出現許多多出來的物品，因為這樣，人們想到可以將自己部族多出來的物品或糧食給予其他部族，並從對方身上獲取自己需要或缺乏的物品，這樣的交換模式就叫做「以物易物」。

但是隨著社會發展，人們生產的物品種類變得越來越多，可以交換的物品種類也跟著變多，以物易物的過程就變得越來越複雜了！舉例來

說，可能會出現以下的狀況：

有個人想要橫渡非洲的坦干依喀湖，這樣他就需要一艘小船，但是，船的主人告訴他，得用一支象牙來交換小船。這個人並沒有象牙，所以他便去拜訪了擁有象牙的人。象牙的主人跟他要了棉花，於是他只好去找有棉花的人。棉花的主人則是想要鐵絲，幸好這位想要渡湖的人有一些鐵絲，他便用這些鐵絲換到了棉花，接著再用棉花交換了象牙，最後終於將象牙交到船的主人手上，成功換到一艘小船。

發揮貨幣功能的商品貨幣

當以物易物的過程變複雜後，人們便開始苦惱。

「有沒有更簡單便利的方法？」

因為這樣，便開始有了「商品貨幣」。人們在眾多的物品中，約定以所有人都需要的鹽、貝殼、家畜或穀物等東西，來當作貨幣使用。這些特定的物品可以用來交換各自所需要的東西，也可以用來支付物品所代表的價值。

隨著商品貨幣的發達，人類社會也慢慢出現變化。在以貝殼作為商品貨幣的地區，所有人都想獲得大量的貝殼，所以佩戴重達十三公斤的貝殼項鍊在身上是件令人驕傲的事；相反地，無法擁有那種項鍊的人，自然會感到羨慕。此時社會中就產生了擁有大量貝殼的富人，和擁有較少貝殼的窮人。

貝殼貨幣

而在把鹽當作重要商品貨幣的奧地利哈爾施塔特地區，也出現類似的變化。在當地找尋鹽礦並開採是很重要的工作，因此，擁有鹽礦開採權的人便成為礦山的主人，而其他的人則成為開採鹽礦的奴隸。一起生產、一起分享的原始社會生活方式就此瓦解，並且產生擁有較多資源的強者，與擁有較少資源的弱者。

金屬貨幣

　　商品貨幣就這樣活躍了一段很長的時間。不過，商品貨幣也有不便的地方，例如：鹽在運送途中，如果遇到下雨，就會融化而無法使用；如果不小心摔落貝殼，貝殼也很容易破掉。

　　為了改善商品貨幣的缺點，人們不斷尋找更加便利的材料，最後想到了不容易融化、也不會輕易破損的金屬，這就叫做「金屬貨幣」。金屬貨幣通常會以鐵、銅、錫、金、銀等金屬打造，鐵塊、金或銀除了不會輕易破損外，也不像穀物一樣容易腐爛，更不會像家畜一樣有壽命的限制，比商品貨幣便利很多。

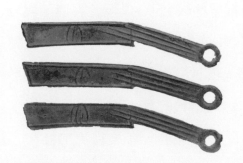

中國春秋戰國時代使用的青銅貨幣——刀幣

從前的商品貨幣沒有辦法有統一的重量或樣式，但在金屬貨幣出現後，人們開始製造大小、重量與樣式相同的貨幣。因為需要製造出都長得一樣的貨幣，使測量重量等的度量衡單位也跟著發展。

　　不過，這麼便利的貨幣也開始出現了問題。以金幣或銀幣為例，人們總是需要透過很複雜的程序才能確認是否為真金、真銀。此外，大量開採金、銀礦就會導致礦源漸漸枯竭，往後金屬將會越來越難取得。

韓國朝鮮時代硬幣——常平通寶

古代波斯的金幣

　　為了彌補這些缺點，人類就製造了與現代硬幣外型類似的銅錢。古代先人們將金屬融化後，倒入模具中，製作出相同重量、形狀的銅錢。由於銅錢的重量比金、銀幣輕，所以不論是保管或搬運，都變得更加輕鬆，製作時所需費用也很低，人們變得可以大量鑄造錢幣。

紙幣與銀行券

比銅錢更輕的貨幣，就是以紙製成的紙幣。

歷史上最早「正式」發行紙幣，是在中國的北宋時期。當時中國四川的「交子」是當地的主要貨幣。交子是目前世界上最早被使用的紙幣。交子可以兌換成與面額等值的金錢，算是一種交換券。在約一個世紀後，中國南宋時期政府也發行了正式的紙鈔。

而為了方便交易，「銀行」也出現了。

隨著商業交易日漸發達，人們開始覺得攜帶金屬貨幣非常不方便，不但很重，而且容易遇上搶劫。因此，就出現了可以託管錢財與發行存款證明的銀行。

交子（左）與瑞典發行的世界上第一張銀行券（右）

許可英格蘭銀行的設立

　　銀行所發行的銀行券，也在這個時期出現。世界上最早的銀行券，是瑞典於西元 1661 年所發行的紙幣，不過這種紙幣僅在市場上短暫流通過一下而已，因此普遍認為，英國於西元 1694 年所發行的英格蘭銀行券才是現代紙幣的始祖。世界各國以此為基礎，直到今日都還在不斷地發行各式各樣的銀行券。

富人的誕生

　　銀行與貨幣的發展，造就了擁有龐大財產的富豪，像是麥第奇家族和羅斯柴爾德家族，都是歷史上著名的富豪世家。

十五到十六世紀，最具代表性的豪門世家——麥第奇家族，原本只是義大利中部佛羅倫斯共和國一個普通的中產家庭。後來因為經營銀行業，累積了許多財富，一直到十八世紀中葉，麥第奇家族都是當時世界上數一數二的超級豪門家族。

　　羅斯柴爾德家族則是在神聖羅馬帝國中的一個城市——法蘭克福的猶太人居住區發跡，原本只是世代從商的商人家庭，而後在歐洲各地設立銀行，成為了世界級的富翁家族。

　　這些富豪中，最受矚目的是麥第奇家族，麥第奇家族被譽為是開啟文藝復興時代的重要推手。西元 1400 年代，當時麥第奇家族的首領——喬凡尼・德・麥第奇是家族中第一個贊助藝術的人，雖然喬凡尼身為富豪，但是比起貴族，他更常站在平民的立場，因此獲得了普羅大眾的支持。

　　麥第奇家族贊助了許多貧困的藝術家，並且在學術、藝術、科學的發展上投入大筆資金。當時麥第奇家族主導的各種文藝政策，也成為文藝復興在佛羅倫斯地區展開的契機。

喬凡尼・德・麥第奇

　　現今也有許多富豪、企業家像麥第奇家族一樣，努力促進社會發展，比爾・蓋茲和華倫・巴菲特是其中最具代表性的人物。兩人都是白手起家，最後

華倫‧巴菲特

成為富翁，並且毫無保留地將努力累積的財富奉獻給人類社會。

華倫‧巴菲特曾經說過，要將大部分的財產都捐贈給社會。曾有記者問華倫‧巴菲特為什麼要捐出財產，當時他的回答令全世界感動萬分。

「我不打算留給我的子女大筆財產，給他們一筆不用工作也能富裕度過一生的錢財，反而會毀了他們的人生。我想盡我所能地去幫助那些不曾受到幫助與恩惠的人，我認為這才能讓我的財產變得更有價值，因為比起賺錢，怎麼花錢才是一件更加困難的事。」

信用卡與電子貨幣

人類買賣、交易所使用的貨幣，由物品逐漸轉變成為紙鈔。在現今社會中，甚至只需要一張卡片就能輕鬆完成交易，而且透過銀行帳戶交易的情況也非常普及。

信用卡、銀行帳戶交易等，都是電腦發展所帶來的改變。嶄新的資

訊系統讓貨幣歷史有了非常大的變化。在現代社會中，我們身上就算沒有現金，也能買東西，這就是因為有「電子貨幣」的關係，我們現在也正處在大量使用電子貨幣的時代。

　　往後的貨幣也將面對更強烈的變化。或許很快地，信用卡與紙鈔會全都消失也說不定。在未來社會裡，或許所有人都只會使用電腦與手機進行消費、買賣等，那樣的時代搞不好就快要來臨了呢！

書中的人物，書中的事件
——牛頓與英國的貨幣改革

科學家牛頓與身處危機中的英國

牛頓在西元 1643 年 1 月 4 日（也有記錄是在 1642 年 12 月 25 日）誕生於英國一個名為「伍爾索普」的鄉村中。不幸的是，在牛頓出生的三個月前，他的父親便去世了，母親則因為再婚而離開牛頓身邊，並將牛頓託付給祖母扶養。因為這樣，牛頓度過了一個孤單憂鬱的童年。

支撐牛頓度過這段孤獨童年的便是他對實驗、研究與發明的好奇心。在科學方面擁有傑出才能的牛頓，在西元 1661 年進入劍橋大學就讀，正式踏上科學家的道路。

艾薩克·牛頓

此後，全心投入科學研究的牛頓，在世界科學史上留下了卓越的事

蹟。牛頓在西元 1687 年出版了《自
然哲學的數學原理》一書，確立了萬
有引力法則；西元 1704 年，牛頓則
出版了《光學》這本書，內容是他研
究光與色彩後所提出的理論。這本書
也被認為是世界科學史上最耀眼的
成就之一。

《自然哲學的數學原理》

　　不過，牛頓並不只是一位科學家。西元 1696 年，牛頓離開幾乎待了
一輩子的劍橋大學，成為英國鑄幣局的監管。牛頓之所以會成為鑄幣局
監管，是因為當時一封來自英國財務長官的信，財務長官在信中詢問牛
頓，關於解決偽造貨幣與貨幣犯罪的方法。

　　當時，英國政府正因為貨幣問題而頭痛萬分。英國主要以金幣與銀
幣進行商業交易，而且在鑄造貨幣時使用大量的金塊與銀塊，所以金與
銀逐漸減少。但是，更大的問題是偽造貨幣的出現。偽幣犯將真正的銀
幣裁切成小塊小塊分散販賣，或是製造假的銀幣，讓真的錢幣越來越少。

　　煩惱到不行的英國政府感受到貨幣改革的必要性，並開始尋找可以
成功推動這項重大工程的人選。最後，英國政府選擇的人就是牛頓。

　　為什麼英國政府會想到要將這項任務託付給科學家牛頓呢？

名偵探牛頓與偽幣犯查洛納

　　決定推動貨幣改革的英國政府，其實曾經向很多位學者尋求幫助，詢問他們要怎麼做才能解決英國的貨幣問題。牛頓也是這些學者的其中一位，而他的提議讓英國政府最滿意。

　　牛頓想出了各種方法，其中最引人注目的就是改善貨幣的製造方法。牛頓想要製作出不容易被模仿的貨幣，這樣製作偽幣的人就很難再繼續生產假錢，在市場上流通的偽幣自然就會減少。而牛頓提出的方法，就

以前的英國鑄幣局就在倫敦塔

是在錢幣邊緣刻上文字，或是凹凸不平的紋路。當然，邊緣凹凸不平的錢幣在此之前已經出現。一位名為尼古拉斯・布里奧特的法國鑄幣工人，早在西元 1620 年時，就已經研發出了在錢幣邊緣刻上凹凸紋路的鑄造技術。儘管如此，偽幣還是一直出現，無法完全斷絕，所以牛頓才又想了另一種全新的鑄造方式，能製造出許多重量、純度與形狀都一樣的硬幣。

被任命為鑄幣局監管的牛頓，依照計畫開始新貨幣的鑄造工作。不過，在製造新錢幣之外，英國鑄幣局的監管還有另一份工作，那就是得扮演警察的角色。鑄幣局監管必須要負責搜尋證據，將製造偽幣的壞人繩之以法。

當時，最惡名昭彰的是一位叫做威廉・查洛納的偽幣犯。長期犯罪的查洛納態度非常傲慢，居然很有自信地對英國鑄幣局說：「我比鑄幣局更厲害！做出的錢幣更好！」不僅如此，他還四處散布假錢、嘲笑英國鑄幣局與牛頓。這讓鑄幣局與牛頓非常生氣，牛頓因此下定決心，一定要逮捕查洛納。

但是，想要逮捕查洛納並不是一件簡單的事。牛頓和查洛納就像是貓與老鼠一樣，持續進行了兩年的你追我跑。不過，在這兩年的時間內，牛頓一邊追擊查洛納，

牛頓在鑄幣局工作時
製造的錢幣

位於西敏寺內的牛頓之墓

一邊也找到了許多可以證明查洛納有罪的證據和證人。最後，牛頓終於在倫敦逮捕查洛納，成功讓查洛納站在法庭上接受審判。

在那個年代，英國政府會對偽幣犯處以絞刑，那是一種非常可怕的刑罰，但是如果想要將犯人定罪，就必須提出非常充足的證據才行。也就是說，如果牛頓想要將查洛納送進大牢，就需要找到關鍵性的證據——偽造貨幣的鑄模，才能證明查洛納製作了偽幣的罪行。不過，牛頓最後還是沒有找到查洛納使用過的鑄模（故事中找到鑄模的內容，只是為了情節需要而編造的橋段）。雖然如此，查洛納仍難逃絞刑的命運，因為牛頓找到的證據和證人們的證詞，已經足以將他定罪。

查洛納落網後，牛頓又逮捕了許多偽幣犯，他也因此被稱為名偵探。因為這份功勞，牛頓高升為鑄幣局局長，在鑄幣局奉獻了 30 年的歲月。

貨幣改革的成功

英國在牛頓擔任鑄幣局監管前,已經為了貨幣改革做出了各種努力。但是因為偽造的貨幣越來越多,英國議會便在西元 1696 年 1 月做出了一項重要決定。英國議會制定《整治王國貨幣混亂狀況法案》(the Act for Remedying the Ill State of the Coin of the Kingdom),全面禁止人民使用邊緣缺損的老舊硬幣。

英國人民在知道手上擁有的硬幣無法使用後,便抱怨連連。不過時間一久,在英國國內便只能看到新硬幣!偽幣消失與新貨幣的使用,終於讓英國的貨幣恢復正常。

此後,英國崛起成為世界金融市場的中心。直到今天,人們還是會在英國的國名前加上「金融大國」的稱號。英國會出現這麼巨大的變化,就是因為貨幣改革發揮了舉足輕重的力量。而說到對改革貢獻最多力量的人,其中一位就是艾薩克・牛頓。

＊本書部分情節與圖像為作者想像與創作,或與史實有些出入。

使思考成長的人文學

1. 力燦覺得自己因為破舊的運動鞋而跑輸同學、因為老舊的蠟筆而畫不出好作品。他相信只要用錢買了新的學用品，就一定可以做得更好。真的是這樣嗎？你覺得呢？請寫下你的想法。

----

2. 當力燦和范修哥正要偷錢的時候，力燦遇見了大鬍子學伴，並回到過去與牛頓展開了一段特別的經歷。但是，萬一沒有發生這件事，力燦就這樣偷了東西的話，會發生什麼事呢？

----

3. 查洛納靠著製造假錢賺到大筆財富。但是他不僅沒有變成富翁，反而一下子就把錢全花光了！接著他又開始犯下製作偽幣的罪行。想一想查洛納為什麼無法成為有錢人？他又為什麼沒辦法停止犯罪呢？

- -

- -

- -

- -

4. 牛頓說：「賺錢很重要，想買到需要的東西，就需要錢。查洛納也是為了賺錢才會做出這種事。但是不要忘了，錢是怎麼賺到的也很重要。」大家對牛頓的這段話有什麼想法呢?請將想法和這麼想的理由寫下來。

- -

- -

- -

- -